बोलती तुम रहो

मानसअंक

ISBN 979-888606065-2

सर्वप्रथम माँ शारदे को नमन,

माता पिता को नमन

और मित्रो को स्नेह ......

क्रम-सूची

क्रम-सूची

क्रम-सूची

प्रस्तावना

'बोलती तुम रहो' इस पुस्तक में प्रेम,देश,प्रेरणा आदि पर आपको रचनाएँ पढ़ने को प्राप्त होंगी।

कभी एक ऐसा शख्स जीवन में आता है जिसे सुनने की अभिलाषा हर क्षण रहती है, मानो वो बोलता रहे और एकटक उसको सुनते रहे......

जीवन की इस गूढता में, स्वयं को इतना जटिल बना लेते है, कि सरलताएँ भी कठिन प्रतीत होने लगती है, वर्तमान में ऐसी स्थिति है जहाँ शब्द-वाक्य तो जीवित दिखते हैं किंतु उनके पीछे की भावनाएँ जैसे अपंग-सी हो।

मेरे जो ख्वाब मर जाते हैं उनको ही अल्फाजों में पिरोकर कविता के रूप में आपके सामने रखा है।

इस पुस्तक में आपको तन्हाई,बेबसी,रोमांच, देशप्रेम और जिंदगी के पहलूओ के कुछ नगमे में संजोए हुए मुक्तक भी पढ़ने को प्राप्त होगे।

अब तक इतनी आयु में मैंने जितना सीखा और लिखा उसका एक अंश आपको सौंपता हूँ.....

जरा आहिस्ता से पन्नों को उलटना, ये पन्ने नहीं, ख्वाब है मेरे..........

---मानसअंक

जिन्दगी से सिख रहा हूँ।
तभी मैं लिख रहा हूँ।

~ मानसअंक

कविताएँ

मेरे प्रिय मित्र अवनीश वर्मा द्वारा निर्मित

1. बोलती तुम रहो

बोलती तुम रहो और मैं सुनता रहूँ।

ख्वाब आँखों का तेरी, मैं बुनता रहूँ।।

धड़कनों की धरा पे,मन इंकार बोता रहा।

प्राण जुड़ने लगे यूँ , तुमसे प्यार होता रहा।

कागज भावित हुआ, मीत दिखता रहा।

कलम चलती रही, मैं गीत लिखता रहा।।

छेड़ दो ताल तुम, राग मैं धुनता रहूँ।

बोलती तुम रहो और मैं सुनता रहूँ।

दुल्हन यूँ बनो, श्रृंगार-सी तुम।

जिंदगी में मेरी, बहार-सी तुम।

इश्क-ए-इकरार में, धड़कन कुबूल हो तुम।

इस दिल में महकता, ऐसा फूल हो तो तुम।।

मधुबन तुम बनो, कलियाँ मैं चुनता रहूँ।

बोलती तुम रहो और मैं सुनता रहूँ।।

हो दिल के करीब, मगर मिल नहीं पाते।

है टूटते गुलाब, जो खिल नहीं पाते।

आई तुम पास, तन्हाई बिछड़ने लगी।

दूर गए जब ये, आँखें तड़पने लगी।।

विरह की आग में, रोज मैं भुनता रहूँ।

बोलती तुम रहो और मैं सुनता रहूँ।।

-- मानसअंक

2. सोच कर तुम्हें

सोच सोच कर तुम्हें,
दिल चहकता रहता है।
हर पल मुझ में तेरा
इश्क महकता रहता है।।
मेरी धड़कन की बस,
खुद से इतनी आरजू रहती है।
निगाहों में छिपी मेरी,
बस अब तू ही तू रहती है।
हर रोज मेरा आवारा,
ख्याल बहकता रहता है।
हर पल मुझ में तेरा,
इश्क महकता रहता है।।
-- मानसअंक

3. तेरा यार मगन में है

चंदा दूर गगन में है।
तेरा यार मगन में है।।
जो भी बातें हैं तुमको
मुझको आज बता भी दो ।
ऐसे न तू अब घबरा,
दिल की बात लबों पर ला।।
साज तेरे कंगन में हैं।
तेरा यार मगन में है।।
अब तू थोड़ा रुक भी जा,
मेरे पास जरा-सा आ।
क्या मैं तुझको अब बतलाऊँ,
क्या तेरी बाहों में मर जाऊँ।।
अब तू मेरी बाहों के बंधन में है।
तेरा यार मगन में है।।
चाँद की ये इबादत है
सितारों से मोहब्बत है।
सन्नाटा-सा छाया है,
ये खुमार कैसा आया है।।
अब तो शोर, पवन में है।
तेरा यार मगन में है।।
-- मानसअंक

4. महबूब की आँखें

महबूब की आँखो को,
बहार से सजाइए।
तारे कम पड़े आसमां में तो,
प्यार से सजाइए।।
आँखें दरिया सी है,
उनमें हमें तिरने दो।
लहराती बांहों में,
दो पल तो घिरने दो।
बड़ा शर्मिला दिलबर मेरा,
मुस्कुराकर नजरों से फिर,
ये पलकें गिरने दो।।
सुलझी उसकी जुल्फ घटा,
रुखसार से उड़ाइए।
तारे कम पड़े आसमां में तो,
प्यार से सजाइए।।
-- मानसअंक

5. तुझ नूर को

रुह फिर मचलने लगी,
जब तेरी खबर मिली।
तुझ नूर को देखने खातिर,
हमें भी नजर मिली।।

मेरी खामोशी भरी रातों में,
बसने वाली महताब हो तुम।
खिली हो मेरे चमन-ए-दिल में,
महकता हुआ गुलाब हो तुम।
बस ख्वाहिश तेरी जिंदगी को,
हर रोज इन्ही आँखों का,
तड़पता हुआ ख्वाब हो तुम।।

जान फिर आ गई बेजान में,
गले वो इस कदर मिली।
तुझ नूर को देखने खातिर,
हमें भी नजर मिली।।
-- मानसअंक

6. देखता रह गया

ऐसा कुछ है नजारों में,
ख्याल क्या घोल गया।
देखता रह गया अक्स मैं,
आईना क्या बोल गया।।
उस रोज टूटे ख्वाब का,
हकीकत में टुकड़ा है।
कागज से मिटे जवाब का,
मोहब्बत में मुखड़ा है।
याद तेरी ऐसी आई,
मन पर क्या डोल गया।
देखता रह गया अक्स मैं,
आईना क्या बोल गया।।
-- मानसअंक

7. जिन्दगी आई पास

सुबह की चौखट पे,

तुम शबनम से खिले ऐसे।

जैसे जिंदगी आई पास मेरे,

तुम हमसे मिले ऐसे ।।

रात भरी तन्हाई में,

ख्याल अकेले मचलते रहे।

गिराया खुदी को बार-बार,

खुदी से खुद संभलते रहे।

जज्बात तुम्हें देखके,

जब सितम से हिले ऐसे।

जैसे जिंदगी आई पास मेरे,

तुम हमसे मिले ऐसे।।

-- मानसअंक

8. लफ़्ज़ बनाकर

आँखों में तेरी मैं
इन दिनों, ढूँढ रहा गजल।
लिख के पा रहा हूँ,
तेरी याद में सुकून के पल।।
दिल कहता है,
तुझको दीवानी लिखूँ।
साँसे कहती हैं,
तुझको रवानी लिखूँ।
किसकी मानूं मैं
कलम कहती है,
तुझको कहानी लिखूँ।।
लफ़्ज़ बनाकर तुमको,
कागज पे उतारा था कल।
लिख के पा रहा हूँ,
तेरी याद में सुकून के पल।।
-- मानसअंक

9. किस्सा चाय का

तेरा मेरा किस्सा है,
याद चाय का।
मेरा तुझमें, तुझमें मेरा,
स्वाद चाय का।।
ताजी-ताजी चाय तरह
जैसे कड़कती हो।
मुझमें अब दिन-रात,
तुम धड़कती हो।
न मिले चाय का प्याला
जब जुबां में ,
मेरी तड़पती हो।
हर रोज रहता है,
यही विवाद चाय का।
मेरा तुझमें तुझमें मेरा,
स्वाद चाय का।।
-- मानसअंक

10. भीगना है तुझे

भीगना है तुझे आज,
बरसात ने खबर दी है।
सोया नहीं याद में तू,
रात ने खबर दी है।।
रंगा रहता हूँ हरदम,
तेरी यादों के हसीन रंग में।
हिलोरे भी उठती हैं,
दिल की हर एक तरंग में।
रोम-रोम मुस्कुराता है,
जब तुम होती हो संग में।।
तुम पर लिखूँ फिर गीत,
ख्यालात ने खबर दी है।
सोया नहीं याद में तू,
रात ने खबर दी है।।
-- मानसअंक

11. चमकीली आँखों वाली

तुम अंग्रेजी में poem लिखती,
मैं केवल हिंदी बोल रहा।
तुम तो window open करती,
मैं तो खिड़की खोल रहा।।
चमकीली आँखों वाली,
नरम घिरी बांहों वाली।
मैं आपस में निगाहों का,
खेल नहीं कर सकता हूँ।
मैं धरती की धूल हूँ।
तारों से मेल नहीं कर सकता हूँ।।
-- मानसअंक

12. मिले हमसफर

छोड़ गया वो सितमगर,
बेसहारा एक तन्हा शर्मिंदगी है।
तुम मिले यूँ हमसफर,
खुशी का एक लम्हा जिंदगी है।
उसकी चाहतों का हर लफ्ज़,
मैंने हर पन्ने पर उतारा था।
पतझड़ में बेजान बहारों को,
फिर कलियों में निखारा था।
पलट के न देखा जालिम ने,
टूटे दिल को थामे हमने,
जाने कितनी देर पुकारा था।।
अब तेरा साथ ही,
बस मेरी एक यही बंदगी है।
तुम मिले यूँ हमसफर
खुशी का एक लम्हा जिंदगी है।।
-- मानसअंक

13. नजरे मिलती रहे

धड़कनों की तड़पन,
हमें जरूर तुम सिखाना।
नजरें न मिलती रहे हमारी
इतनी दूर नहीं जाना।।
प्यासा-प्यासा मैं भटका,
तन्हाई के सहराव में।
हर बार वही पे अटका,
सितम दर्द के घाव में।
रोज ताकती आँखें मेरी,
आओगे कब तुम फिर,
मेरे दिल के गाँव में।
शिकवा अगर कोई हो,
हमें कसूर तुम बताना।
नजरें न मिलती रहे हमारी,
इतनी दूर नहीं जाना।।
-- मानसअंक

14. यादों के आज

जब हमें ख्याल तुम्हारा मिला।
तब जिंदगी का इशारा मिला।।
तेरी बातों के अंदाज, कितने सुरीले रहे।
तेरी यादों के आज, कितने नुकीले रहे।
रातें हाल बताती है
जितने तारे तूने गिने, सब चमकीले रहे।
आखिर नूर का सितारा मिला।
तब जिंदगी का इशारा मिला।।
-- मानसअंक

15. रातें मरी है

बिना किसी जवाब के
बात गुजर जाएगी यूँ ही।
बोल भी दो कुछ,नहीं तो
रात गुजर जाएगी यूँ ही।।
कितना फर्क है तेरे
होने और न होने में।
रातें मरी है सारी,
ख्वाबों को पिरोने में।
कैसा मुक़द्दर है मेरा
तुमको पाने में हँसता,
रोता तुमको खोने में।
बिलखती इन आँखों की,
बरसात गुज़र जाएगी यूँ ही।
बोल भी दो कुछ,नहीं तो
रात गुजर जाएगी यूँ ही।।
-- मानसअंक

16. बिलखती आँखें

बंदिशें ऐसी हुई तो,
ये बात होती क्यों नहीं।
बिलखती आँखें मेरी,
ये रात सोती क्यों नहीं।।
सपने में इक रोज आई,
तुम दुल्हन नई नवेली बनकर।
किस्मत की खाली लकीरों में,
मिली मुझे हथेली बनकर।
दर्द तेरे पास न होने का,
अनसुलझी सी रह गई मेरी,
जिंदगी एक पहेली बनकर।।
संजोकर रखा मुझे तेरी
ये याद खोती क्यों नहीं।
बिलखती आँखें मेरी
ये रात सोती क्यों नहीं।।
-- मानसअंक

17. जखम ऐसे दिए

जखम ऐसे दिए तुमने,
सीना भूल गए।
तेरे बाद सनम हम,
जीना भूल गए।।
कतरा-कतरा संजोया,
एक पल में छूट गए।
अलग न होने वाले तारे,
आसमां से टूट गए।।
गुजरे दिन,खुशी का
महीना भूल गए।
तेरे बाद सनम हम,
जीना भूल गए।।
-- मानसअंक

18. जबसे मिले

जबसे मिले चाहतें,
तुमसे बेइंतिहां हो गई है।
सुलझी सी थी अब,
जिंदगी इम्तिहां हो गई है।
एक झलक पाने को तेरी,
दिन भर मेरी हरकत रहती।
चैन,सुकून,नींदे सब कुछ,
आँखों से अब रुखसत रहती।
अब कुछ तो करते हैं
उससे पहले मुझे,
हर पल थी फुर्सत रहती।।
पड़ी गिरफ्त दिल में अब,
धडकनें रिहां हो गई है।
सुलझी सी थी अब,
जिंदगी इम्तिहां हो गई है।
-- मानसअंक

19. अच्छा लगता है

अच्छा लगता है तेरे संग,
बारिश के भिगाए में जीना।
और भी अच्छा लगता है,
यादों के साए में जीना।।
बस तेरी ही झलक,
बसी है निगाहों में।
तेरे ही पास है,
जान ये पनाहों में।
अगर इश्क फना है
तो मुझे भी तुम,
गिन लो गुनाहों में।।
पर अच्छा नहीं लगता,
तेरे हिज्र के रुलाए में जीना।
और भी अच्छा लगता है
यादों के साए में जीना।।
-- मानसअंक

20. जिद क्यों

लफ्जों से सबको खामोश,
अब कर रही मेरी जिंदगी।
इतनी जिद क्यों है तुझे,
सुन तो सही मेरी जिंदगी।।
तुम ही नींद, तुम ही
पलकों के झपना थे।
पूरी दुनिया में सिर्फ तुम्हें,
कहते हम अपना थे।
हाय कशमकश मेरी
जब आँखें खुली तब
मालूम हुआ,तुम सपना थे।।

लेकिन तेरे सिवा तो,
अब कुछ नहीं मेरी जिंदगी।
इतनी जिद क्यों है तुझे,
सुन तो सही मेरी जिंदगी।।
-- मानसअंक

21. दिल सवाली

आज दिल बनेगा सवाली,
हर एहसास का जवाब रख।
कैसे गुजारी जिंदगी तेरे बिना,
एक एक साँस हिसाब रख।।
इतने दिन के सारे ख्वाबों को,
एक पल में सुला दिया।
हँसना तुझे सिखाया हमने,
तूने मुझे ही रुला दिया।
यादें नहीं मिटी फिर भी
जज्बातों की मोहब्बत को,
एक पल में भुला दिया।।
मुझे जरुरत नहीं अब,
तू ही बेवफाई का नकाब रख।
कैसे गुजारी जिंदगी तेरे बिना,
एक एक साँस हिसाब रख।।
-- मानसअंक

22. ख्वाबी पतंग

भीगने की तलब जो थी
अब वो बरसात नहीं रही।
अब बदले -बदले से है हम में,
अब वो बात नहीं रही।।
चाँद देख जब तुमको हम,
नींदों में बुलाया करते थे।
शेर,शायरी,गजल हम सिर्फ,
तुम पर ही सुनाया करते थे।
वहम में ही तेरी छत पर,
बरसातों में हम ख्वाबी,
पतंग उड़ाया करते थे।।
चाहत जगने वाली जैसी,
अब मुलाकात नहीं रही।
अब बदले-बदले से है हम में,
अब वो बात नहीं रही।।
-- मानसअंक

23. शक की आग

बेबस-सी आवाज को
टोक देना था मुझे।
क्यों जाने दिया दूर तुझे,
रोक लेना था मुझे।
मैं तो चाहता हूँ बेशक,
तूने ही तो छोड़ा है।
हिफाजत से था तेरा दिल,
तूने ही तो तोड़ा है।
हालात इतने खराब न थे,
जैसे अब बिगड़ा है।
ख्वाब सजा संसार मेरा,
एक पल में उजड़ा है।।
शक की आग में पहले ही पानी
झोक देना था मुझे।
क्यों जाने दिया दूर तुझे
रोक लेना था मुझे।।
-- मानसअंक

24. रिश्ता हमारा

ऐसे मौके क्यों आए
मेरे तेरे विवाद पर।
लगता है रिश्ता हमारा,
टिका झूठ की बुनियाद पर।।
बिखरा हुआ हूँ तू मुझे,
आ के अब आबाद कर।
प्यार, अभी जिंदा हूँ तब
या फिर मरने के बाद कर।।
रूठा भी नहीं हूँ तुमसे,
क्यों कहूँ फरियाद कर।
लगता है रिश्ता हमारा,
टिका झूठ की बुनियाद पर।।
-- मानसअंक

25. आखिर तक

ताउम्र रहने का साथ,
इरादा किया था हमने।
आखिर तक रहे संग,
वादा किया था हमने।।
तुम यूँ भूल गए शायद,
तुम्हारी कोई मजबूरी हो।
हमारा क्या तुम्हें, कोई
हमसे ज्यादा जरूरी हो।।
घाव भरे पन्ने को,
सादा किया था हमने।
आखिर तक रहे संग,
वादा किया था हमने।।
-- मानसअंक

26. कैसा सुकून मिला

एहसास हुआ तुम्हें जज्बातों का,
अब हमसे न तुम ये जताओ।
कैसा सुकून मिला गैरों में,
तुम सिर्फ अच्छा ये बताओ।।
देखने को मेरा एक चाँद अकेला
अब तो तेरे दामन में तारे होंगे।
मैं तो कलियों से सजा न सका
तूने तो कांटे भी निखारे होंगे।
जब भी फँसोगी गम-ए-सैलाब में,
एक हम ही तेरे पास और
सारे तुझसे गैर किनारे होगे।।
क्यों करके जुल्म खुदी पर,
साँसो को न तुम ये सताओ।
कैसा सुकून मिला गैरों में,
तुम सिर्फ अच्छा ये बताओ।।
-- मानसअंक

27. कितने किस्से

तमाम गुजरी यादें होती हैं,
हर निशानी के पीछे ।
जाने कितने किस्से होते हैं,
हर कहानी के पीछे।
साहिल गुम हो,
डूबी कश्ती में।
शामिल तुम हो,
खूबी मस्ती में।
इल्जाम लगाए क्या दुनिया,
हासिल तुम हो,
बेखूबी हस्ती में।।
सारे रंग घुले होते हैं,
हर पानी के पीछे।
जाने कितने किस्से होते हैं,
हर कहानी के पीछे।।
-- मानसअंक

28. पछतावा तुम्हें

तुम कल भी और
आज भी मेरे थे।
तुम्हीं मेरे अंधेरे और
तुम्हीं सवेरे थे।
कई रातें जाती है,
कई सवेरे आते हैं।
कुछ रोशनी लाती है,
कुछ अंधेरे लाते हैं।
पछतावा तुम्हें अब भी,
अगर इस हालात का नहीं।
तो बिछड़ भी जाए,
डर इस बात का नहीं।।
-- मानसअंक

29. क्या करे जज्बात

क्या करें दरिया में उतरकर
साहिल सब दिखा देता है।
क्या करें जज्बात निखरकर
दिल सब सिखा देता है।।
अब भरमाए कैसे,
हम गुम हैं अड़चन में।
अब शर्माए कैसे,
रुनझुन है धड़कन में।
मुश्किल भी बड़ी है ऐसी
अब बहलाए कैसे,
हम तुम है तड़पन में।।
क्या करें मौत लिखकर,
कातिल सब लिखा देता है।
क्या करें जज्बात निखरकर
दिल सब सिखा देता है।।
-- मानसअंक

30. इश्क वो

जिसके सहारे हम,
बढ़े मंजिल पर चाव से।
कांटों भरी जमीं पे,
चढ़े हम नंगे पाँव से।
वो इतने थे जालिम,
उजड़े भी उनकी छाँव से।
इसकी चपेट में,
आती हर पीढ़ी है।
उतर नहीं सकते,
इश्क वो सीढ़ी है।
-- मानसअंक

31. ख्वाब दे देना

आँखों को अपना,
इक ख्वाब दे देना।
तुमसे गर हो सके।
तो जवाब दे देना।।
इस बेबस-सी रात का,
अंधेरा कितना घोर है।
भटकती सारी किरणें,
अब ढूँढती भोर है।
बिखरा हो जितना उजाला
लेकिन ये गिरता तो,
सिर्फ तेरी ओर है।
तोहफे पसंद मुझे,
इक किताब दे देना।
तुमसे गर हो सके,
तो जवाब दे देना।
-- मानसअंक

32. यादों की रकम

गर मैं गुनहगार हूँ तो

खुद से खिलाफ कर दो मुझे।

तेरा तलबगार हूँ तो

इक बार माफ कर दो मुझे।।

यादों की रकम यूँ,

बेवजह लूटाने न दो।

दहशत का आलम,

खुद को गाने न दो।

तेरा सितमगर हूँ

जिंदगी से दूर,

मुझको जाने न दो।।

दूरियों की आग में,

अब तुम खाक कर दो मुझे।

तेरा तलबगार हूँ तो

इक बार माफ कर दो मुझे।।

-- मानसअंक

33. बस तेरी कमी है

मेरे अल्फाजों में तुम
मेरे एहसासों में तुम।
मेरे हर नगमे में तुम
मेरे हर लम्हें में तुम।
मेरी राहों में तुम
मेरी आँखों में तुम।
फिर आँखों में क्यों नमी है।
बस तेरी कमी है......।।
सितमगर आजमाया है
हसरतें साथ लाया है।
धड़कने चुप गई हैं अब
मुस्काने छुप गई है अब।
तू बस गया है दिल में
मैं हूँ तन्हा महफिल में।
आज तू मेरे पास नहीं है।
बस तेरी कमी है......।।

दो पल की मुलाकात है
फिर तन्हाई सौगात है।
वक्त भी आज मगरूर है
तू कितना मजबूर है।
तेरी आहट,मेरी पुकारे हैं

चाँद के करीब,कितने सितारे हैं।
फिर चंदा से दूर, जमी है।
बस तेरी कमी है.....।।
-- मानसअंक

34. कहता साहिल

तुझमें ही तो बसता दिल,
दुखना नहीं था तुझको।
दरिया से कहता साहिल,
रुकना नहीं था मुझको।।
मिटते-मिटते बचा हूँ,
चट्टानों की टकराव में।
जाने कहाँ फेंका मुझको,
इस दुनिया के बहाव में।
मानो जन्नत नसीब हुई हो,
जब मिला आसरा तेरी,
इन जुल्फों की छाँव में।
जर्रा-जर्रा संजोया था,
चुकना नहीं था तुझको।
दरिया से कहता साहिल,
रुकना नहीं था मुझको।।
-- मानसअंक

35. हृदय पीड़ा में

प्रेम बसा जब से मुझमें,
मन का दाग अनोखा।
हृदय पीड़ा में लगता है,
जीवन राग अनोखा।
तुमसे विलग किंचित हूँ।
धड़कनों से वंचित हूँ।
व्याकुल नैन विरह से,
अब मानस में संचित हूँ।।
भूल गया जग को मैं,
कैसा अनुराग अनोखा।
हृदय पीड़ा में लगता है,
जीवन राग अनोखा।।
-- मानसअंक

36. लड़ो चुनौती से

उठो प्राण अब,
यही तपस्या का पल है।
लड़ो चुनौती से
हर समस्या का हल है।।
हम वो हैं जो गंगा लाए
चीर के पर्वत से।
दाँतो तले उंगली दबी
देख हरकत से।
होश उड़ जाएँगे,
रखते हैं दिल में भी
इंकलाब हसरत से।।
हार अगर आज तो,
फिर जीत का कल है।
लड़ो चुनौती से,
हर समस्या का हल है।।
-- मानसअंक

37. मुझे भारतीय होने का अहंकार है

सर्वप्रथम माँ शारदे को नमस्कार है।
जिनमें ज्ञान का असीम भंडार है।
ज्ञान की अलौकिक ज्योति का प्रमाण हिंदुस्तान है,
इसलिए मुझे भारतीय होने का अहंकार है।।

जिसके दक्षिण में हिंद का विस्तार है।
उत्तर में हिमालय मुकुट का अलंकार है।
प्रत्येक दिशा की आभा से मुखरित हिंदुस्तान है,
इसलिए मुझे भारतीय होने का अहंकार है।।

पूरब में गंगा की पावन बहार है
पश्चिम में तैनात रेतीला थार है।
बंजर कांटो में भी खिला हिंदुस्तान है,
इसलिए मुझे भारतीय होने का अहंकार है।।

जिसकी सभ्यता का साक्षी पूरा संसार है।
जिसकी संस्कृति ही उसका आधार है।

संपूर्ण विश्व में विश्वगुरु कहलाता हिंदुस्तान है,
इसलिए मुझे भारतीय होने का अहंकार है।।

❧❧❧

सभी मंत्रों में पवित्र ओंकार है।
तैंतीस करोड़ देवी देवताओं का भंडार है।
इतने धर्मों में भी एक हिंदुस्तान है
इसलिए मुझे भारतीय होने का अहंकार है।।

❧❧❧

कहीं घाटियां कहीं पर्वतों का उभार है।
कहीं झरनों की झर-झर, कहीं नदियों का उद्ग़ार है।
स्वर्ग का अटूट भाग एक हिंदुस्तान है ,
इसलिए मुझे भारतीय होने का अहंकार है।।

❧❧❧

जहाँ कायरता में मस्तक झुकाना इंकार है।
सर कटाने के लिए सिर पेश एक हर बार है।
जहाँ इंकलाब का दूसरा नाम हिंदुस्तान है,
इसलिए मुझे भारतीय होने का अहंकार है ।।

❧❧❧

जहाँ मानव में नरसिंह की दहाड़ है।
जहाँ नारी में दुर्गा की हुंकार है।
नर में देव, नारी में देवी का रूप हिंदुस्तान है,
इसलिए मुझे भारतीय होने का अहंकार है।।

❧❧❧

जहाँ पायलों में स्वरों की झंकार है।
हृदय में उठते रक्त का अंगार है।
उग्र ज्वालामुखी-सा एक हिंदुस्तान है,
इसलिए मुझे भारतीय होने का अहंकार है।।

❧ ❧ ❧

जहाँ बोलियों, भाषाओं का प्रसार है।
प्रत्येक भाषाओं में एकता की ललकार है।
इतनी अनेकताओं में एक हिंदुस्तान है,
इसलिए मुझे भारतीय होने का अहंकार है।।

❧ ❧ ❧

जहाँ हर रोग का उपचार है।
जिसकी एकता ही उपसंहार है।
विस्तृत निबंध का रूप हिंदुस्तान है,
इसलिए मुझे भारतीय होने का अहंकार है।।

❧ ❧ ❧

मुझ पर उस भगवान का उपकार है।
हर व्यक्ति का निश्चय संहार है।
मेरी जन्मभूमि यह हिंदुस्तान है ,
इसलिए मुझे भारतीय होने का अहंकार है।।

❧ ❧ ❧

आज भारत माँ ने किया दुल्हन-सा श्रृंगार है।
जिसका स्वागत करता पूरा संसार है।

इस धरती माँ का पुत्र हिंदुस्तान है,
इसलिए मुझे भारतीय होने का अहंकार है।।

❦ ❦ ❦

जिसके सौंदर्य का वर्णन करते कथाकार है।
जहाँ की कथाएँ है तथा लीलाएँ अपरंपार है।
विस्तृत साहित्य-सा मेरा हिंदुस्तान है,
इसलिए मुझे भारतीय होने का अहंकार है।।

❦ ❦ ❦

जहाँ की वाटिकाओं में पुष्पों का अलंकार है।
कहीं पुष्पों की सुगंध कहीं,भ्रमरों की गुंजार है।
प्रकृति से सुरभित मेरा हिंदुस्तान है,
इसलिए मुझे भारतीय होने का अहंकार है।।

❦ ❦ ❦

अधर्म के पतन में, धर्म का अवतार है।
जहाँ ईश्वर स्वयं करते उद्धार हैं।
मोक्ष प्राप्ति का साधन हिंदुस्तान है,
इसलिए भारतीय होने का अहंकार है ।।

❦ ❦ ❦

अंत में आप सभी को नमस्कार है।
अंकुश प्रकट करता आपसे आभार है।
देखो प्रिये ! ये मेरा हिंदुस्तान है,
इसलिए मुझे भारतीय होने का अहंकार है ।।
~ मानसअंक

38. अग्नि-संताप

आग लगी है इधर भी
आग लगी है उधर भी।
आग बुझाना चाहते हैं हम भी,
आग बुझाना चाहते हो तुम भी।
भरा है अंजलि में जल
जो टपकता है हर पल।
बूंद बूंद से सागर बुझता है,आग नहीं।
उजालों में अंधेरा सुझता है,चिराग नहीं।
नजर पड़ी है जिधर भी
आग लगी है उधर भी।
नजर पड़ी है किधर भी,
आग लगी है इधर भी।।
-- मानसअंक

39. ये तो समझा होता

सोने की चिड़िया के स्थान को,

तो समझा होता।

विशाल देश की आन को,

तो समझा होता।

एक व्यापारी आया,उसके व्यापार को,

तो समझा होता।

व्यापार की स्वीकृति दे दी,

उसके परिणाम को,

तो समझा होता।

उस स्वीकृत से दो सौ वर्ष राज किए हम पर,

मेरे भारत में जाने अब क्या होगा,

ये तो समझा होता है।

हे युवको! एक अनायास प्रयास किया होता ।

इस धरा की पावन गंगा का रस पिया होता।

उस मंदाकिनी को महाकाल की

जटाओं से उतारा होता।

उस गंगा को एक बार फिर

हिमालय से गुजारा होता।

संपूर्ण भारत को

सात समंदर पर सजाया होता।

हाथ पर हाथ धरे,

उनको तो झटका होता।

मेरे भारत में जाने अब क्या होगा,
ये तो समझा होता।।
-- मानसअंक

40. बदलाव : एक दौर

कल के आज
दौर बदल जाते हैं।
लहरों में किनारों के
छोर बदल जाते हैं।।
उठते सागर में
तूफान बदल जाते हैं।
कतरा-कतरा ही खुद से
अनजान बदल जाते हैं।
दर्द जो था मेरा वह,
भर भी गया मगर,
दिल पे जख्मों के
निशान बदल जाते हैं।।
-- मानसअंक

41. प्रेम का मन्दिर

प्रेम का मंदिर ये कहाँ है,
मुझे भी अभी तक न पता है।
मैंने उस मंदिर के भक्तों को देखा,
प्रेम रस की वंदना गा रहे हैं।
प्रेम सागर की लहरों की तरह,
हवाओं संग बहे जा रहे हैं।
मेरे ईश्वर मेरी यह तुझसे,
बस इतनी सी प्रार्थना है।
प्रेम जिसके हृदय में बसे,
प्रेम का मंदिर तो वहाँ है।
मेरी बस इतनी सी एक बात मानो,
प्रेम का मंदिर तो पूरा जहाँ है।
प्रेम का ये मंदिर कहाँ है,
ये मुझे भी अभी तक न पता है।।
-- मानसअंक

42. काश कही ऐसा हो जाता

काश कहीं ऐसा हो जाता।
मैं मिट्टी का दीपक बन जाता।
प्रिये! तू बनती उस दीपक की बाती
जो खुद जलकर, जग रोशन कर जाती।
तू बाती मैं दीपक हो जाता,
तू मुझमें,मैं तुझमें खो जाता।
काश कहीं ऐसा हो जाता।।

काश कहीं ऐसा हो जाता,
प्रिये!मैं तेरा सफर बन जाता।
तू मेरे संग वैसे चलती,
जैसे हवा संग लहरें बहती।
फिर तू मेरा हमराह बन जाता,
मैं तुझमें गुमराह हो जाता।
काश कहीं ऐसा हो जाता।।

काश कहीं ऐसा हो जाता
प्रिये! मैं सुकून से सो जाता।

जब मेरे ख्वाबों में तू आता
तो मैं तेरी मंजिल की राह बन जाता।
तेरे कदमों में फूलों को सजाता,
फिर मैं तेरी मंजिल बन जाता।
काश कहीं ऐसा हो जाता।।

❧❧❧

काश कहीं ऐसा हो जाता
प्रिये! तुझको देखकर चाँद छिप जाता।
खुद चाँद कहता कि तू इतनी खूबसूरत,
तो फिर क्यों तुम्हें मेरे नूर की जरूरत।
यदि मैं आसमां बन जाता
फिर तू मुझमें समा जाता।
काश कहीं ऐसा हो जाता।।

❧❧❧

काश कहीं ऐसा हो जाता
प्रिये! मैं तेरा साहिल बन जाता।
तेरी लहरें मुझको चूमती,
मेरे हृदय में हिलोरे झूमती।
फिर मैं भूमि से अलग हो जाता
फिर तेरी लहरों में बह जाता।
काश कहीं ऐसा जाता।।

-- मानसअंक

43. चाँद और सागर

ऐ मेरे महताब ! मैं रोज
शाम को तेरा इंतजार करता हूँ।
अमावस को अफसोस और
पूर्णिमा को तेरा दीदार करता हूँ।।
जब तुम अपनी चाँदनी से
मुझमें समा जाते हो।
मेरी लहरों की बाँहों में
तुम सिमट आते हो।
ये हमारा रातों का मिलन,
दिन के उजालों को मंजूर नहीं।
तभी सागर और चाँद की,
प्रेम कहानी मशहूर नहीं।

रुखसत से फुर्सत कर
वो पल आने दो।
चाँद को सागर से
मिल जाने दो।।
ये काली घटाएँ भी
बर्दाश्त की रैन करती हैं।
उन्हें क्या पता कि....
सागर को हवाओं के झोंके,
कितना बेचैन करती हैं।।

मैं भी कितनी आसानी से
धोखे में आ जाता हूँ ।
जब मैं तुम्हारी परछाई
अपने अंदर पा जाता हूँ।
मुझे जब ये जान पड़ता है कि,
मेरे फलक पर महताब उतर आया है।
मेरी शौक-ए-तमन्नाओं
मेरा महबूब नजर आया है।
ये धरती न जाने सहरती नहीं
ये रात एक पल ठहरती नहीं।
वो रात सुहानी चली गई
वो बात पुरानी चली गई ।
सागर की तड़प अब
सिर्फ अल्फाजों में है।
मगर चाँद तो अब
हर आवाजों में है।
मैं तुम्हारे लिए
बाहें फैलाएँ बैठा हूँ।
तुम्हारी एक झलक के लिए
निगाहें टिकाएँ बैठा हूँ।
बंदिशों को जल जाने दो।
चाँद को सागर से मिल जाने दो।।
-- मानसअंक

44. तेरे बिन

मैं हर लम्हा जी सकता था तेरे बिन।
मैं तन्हा जी सकता था तेरे बिन।
बहक गया था एक रस्ते में,नहीं तो
मैं तन्हा चल सकता था तेरे बिन।।

तेरे बिन जिंदगी में हमनशी बनके देखा है।
तेरे बिन दिल की खुदकुशी बनके देखा है ।
याद में अश्क भर गए थे इन आँखो में,
तेरे बिन दर्द में लबों पर हँसी बनके देखा है।।

तेरे बिन हम में हम नहीं अब।
तेरे जाने से गम में गम नहीं अब ।
चाहते हैं मुझे तेरी यादों से,
तेरी हर याद कम में कम नहीं अब।।
-- मानसअंक

45. एक दफा

बस एक दफा तू बता।
क्यों खामोश है जुबां।
मैं कितना तड़पा तेरे बिन
क्या तुझे आई न याद एक भी दिन।।

उठता मैं तेरा ही ख्याल सवेरे।
सोता तो तुम आती सपनों में मेरे।
इन आँखों को तेरा ही इंतजार था,
क्यों जा रहे हो तुम नजरें फेरे।।
-- मानसअंक

46. देखा है

रस्ते बहुत से चले थे वे मुसाफिर।
मैंने मंजिल के करीब उन्हें भटकते देखा है।।

जिनकी आँखों में हमेशा खुशी के मंजर थे।
मैंने उन्हें दर्द में सिर पटकते देखा है।।

दुनिया कहती है खुदकुशी हया है।
मैंने तन्हाई में लोगों को लटकते देखा है।।

शोर में भी वो सुकून से सो जाता था।
मैंने खामोश रात में करवट बदलते देखा है।।

ताउम्र 'मानस' में तजरबो को संजोकर रखा था।
मैंने हवा के झोंको में उजड़ते देखा है।।
-- मानसअंक

47. बात का बातिन

एक छोटी सी बात को हम दिक्कत बना बैठे।

जल्दी के काम को हम मशक्कत बना बैठे।

जहाँ हम सब यार मिल गए,

उस जगह को हम जन्नत बना बैठे।।

जो दिल पहले से घायल है उस पर आघात क्या करूँ।

जब मुलाकात ही नहीं हुई तो बात क्या करूँ।

अब बादल भी मुझसे ये कहने लगे,

जो दरिया पहले से भरा है उसमें बरसात क्या करूँ।।

सच है कि दीवार के कान होते हैं।

लेकिन हम उस बात को सुनसान सुनते है।

हमने भी एक बात की थी चुपके से,

अब तक उसी बात के हम गुनगान सुनते हैं।।

ऐसी मैंने क्या बात कही,

जो तुमने सवाल कर दिया।

मेरे खुशनुमा हाल को,

तो तुमने बेहाल कर दिया।

मैं सोचता हूँ कि तुमसे बात ही क्यों की,

जो तुमने दुनिया में बवाल कर दिया।।

-- मानसअंक

मुक्तक और शायरी

मेरे प्रिय मित्र अवनीश वर्मा द्वारा निर्मित

48. मुक्तक और शायरी

एक ही बात अधूरी, तब कहता मानस।
साँस तेरी मगरुरी, तब कहता मानस।
ख्याल,ख्वाहिश,लब,अफसोस, तिरी मर्जियाँ
अब रहे हम न जरुरी, तब कहता मानस।।
-- मानसअंक

आज चाँद नहीं तेरे ख्याल से
रात को हसीन कर लिया मैंने।
उन्हीं यादों की तहों का पर्दा
फकत से महीन कर लिया मैंने।
महज,फिदा,महजूब,सब्र,दिलासा
मेरा सब कुछ है तुम पर जानाँ
तेरा भी यकीन कर लिया मैंने।।
-- मानसअंक

कब अरे ! तुम समझे यार कहाँ लाये थे।
उन सहारे दरिया आग बहाँ लाये थे ।
कोहिनूरी दिल की खातिर मैंने पाया,
वो हमारे दिल खैरात जहाँ लाये थे।।
-- मानसअंक

❧❧❧❧

मेरी तन्हाई भी विवाद नहीं करती।
मालूम न खामोशी स्वाद नहीं करती।
सहमें यूँ मेरे ख्यालों में आज शायद,
कि मुझे अब तू क्या याद नहीं करती।।
-- मानसअंक

❧❧❧❧

सारे आवारा बने फिर बदतमीज यूँ ख्याल है।
वो मिजाज पूछते हैं हम जिए बेहाल हैं।
कितनी यादें दुखी हैं,कितनी बातें चुभी हैं,
देखते दिनभर उसे बस आज बीते साल हैं।।
-- मानसअंक

❧❧❧❧

खवाब जितने तुमने सजाए,सारे अधूरे रह जाएंगे।
शोर तेरे ख्यालों ने मचाए,सारे अधूरे रह जाएंगे।
लय,नगमे,सरगम,तरन्नुम भी
गीत मैंने इतने रचाए,सारे अधूरे रह जाएंगे।।
-- मानसअंक

❧❧❧❧

अपने होठों की बातें इस दिल में घोलो न।
इतना चुप क्यों हो तुम,अरे! कुछ तो बोलो न।
कब से हैं खड़े,तेरी निगाहें जो पड़े,
इन खूबसूरत आँखों की पलकें खोलो न।।

आँखों में तेरी गैर बसा है
हम अपने ख्याल कैसे घोल दे।
टूटकर वो पूछती है ऐसे,
बिखरकर हम भी कैसे बोल दे।
धड़कने तड़पती पाने को तुझे,
तेरे दिल को हम कैसे टटोल दे।।
-- मानसअंक

वो मेरी अफसोसियाँ भी मगर तुम फिलहाल रखना।
जा रहे हो दूर मुझसे और अपना ख्याल रखना।
मासूम तुम दिखते हो,पर हो नहीं
ये खुद के जहन में तुम सवाल रखना।।
-- मानसअंक

इन फरेबो से भरी मैं धूल में हूँ।
काटने हैं वक्त क्या यूँ फिजूल में हूँ।
ये दिलासा,ये तसल्ली,सब दिखावा,
इश्क करती है इसी मैं, भूल में हूँ।।
-- मानसअंक

जिनका अभी भी प्यार वो, उम्मीद इक बुनियाद है।
ख्यालों सुनो,दीदार उसका सिर्फ इक फरियाद है।

भूली कसम, भूले सितम वादे सभी
उनकी उंगलियों को मेरा नम्बर अब भी याद है।।
-- मानसअंक

दिल इस कदर जुड़े फिर मुझको पता नहीं।
पर इश्क तो सही कर झूठा जता नहीं।
यूँ दिल चुरा गुमान, निगाहें दिखा निशान,
दिल कोई चीज मगर, चुराना खता नहीं।।
-- मानसअंक

ये बेकरार हसरत मुझको सता रही।
ये चुप जुबान है फिर मुझको बता रही।।
-- मानसअंक

इस पराई दुनिया में कोई नहीं है अपना।
जितना असल दिखता है वही बिल्कुल है सपना।।
-- मानसअंक

आँखों के सामने ही बनी यादें
आज बैठे अकेले वही सोचता हूँ।

कल थमाया उसे था गुलाब
आज तिनके ही मैं नोचता हूँ।।
-- मानसअंक

वो आसमां है यार गर, तो मैं जमी की धूल हूँ।
वो है बहारों की कली, मैं इक विषैला फूल हूँ ।।
-- मानसअंक

जज्बात फिर उसके जगे,बेकरार सुलाना था उसे।
दिल्लगी मुझसे की पुराना प्यार भुलाना था उसे।।
-- मानसअंक

गुलदस्ते से मुझको टूटी कली ना दिला।
फरेब करते हो झूठी तसल्ली ना दिला।।
-- मानसअंक

ख्वाब पूछे तुमसे या फिर जवाब पूछे तुमसे।
खिताब पूछे तुमसे या फिर खराब पूछे तुमसे।
हिचक,झिझक, गुमानियत क्या करें
आप ही बताओ ,क्या अब जनाब पूछे तुमसे।।
-- मानसअंक

उपहार देता चाँद-तारे , है नहीं मेरे मुमकिन की।
खुशियों का सागर भरता, इंतजार में इस दिन की।
लाता रात से चाँदनी, दिन से रोशनी, पर
लाया कविता में समेटे, भेंट तुम्हारे जन्मदिन की।।
-- मानसअंक

❧❧❧

अदाएं उसकी तुम सुनो,बता नहीं मुझको।
बेवजह गए दूरी कर, खता नहीं मुझको ।
सिर्फ वो मिजाजी हैं,सिर्फ हम अजीजी हैं,
हाल पूछते हैं क्यों तेरा, पता नहीं मुझको।।
-- मानसअंक

❧❧❧

हर्फ में तेरे मौत जब मुझको उड़ा ले गई ।
तड़पना अभी बहुत बाकी यादें तेरी छुड़ा ले गई।।
-- मानसअंक

❧❧❧

❧❧❧

खिदमत करी हर शख्स ने इस तरह कौन किया नहीं।
शिकवा मुझे उसने मगर अब तलक फोन किया नहीं।।
-- मानसअंक

❧❧❧

खामोशी सब कहती कागज पे,
इक भी अल्फ़ाज़ नहीं होता।
घायल हो जो नजरों से उसका,
कोई इलाज नहीं होता।।
-- मानसअंक

❧❧❧

चाँद से चाहतें,आबरु हो गया।
बेखुदी से जुदा,रुबरु हो गया।।
आईना बन गए हो मेरे आज तुम,
देखकर मैं तुझे हूबहू हो गया।।
-- मानसअंक

❧❧❧

मालूम क्या मुझे नहीं, वो यूँ मलाल हो गए।
थे तुम मेरी हकीकतें, तुम आज ख्याल हो गए।
नजदीक तुम मेरे रहो और दूरियाँ मिटे सभी,
थे रोज देखते तुझे, वो आज साल हो गए।।
-- मानसअंक

❧❧❧

मिटानी दूरियाँ,नजदीकियों को बढ़ावा करती है।
जान दे देंगे तेरे लिए, वो ये दावा करती है।
मेरे तुम हो और मैं सिर्फ तुम्हारी हूँ, बातें ये
इश्क बहुत दूर की बात वो सिर्फ दिखावा करती है।।
-- मानसअंक

❦❦❦

तूने हाथ बढ़ाया ही नहीं
हम कब से हाथ थामने खड़े थे।
निगाहें तेरी आज पड़ी ,
हम तो कब से सामने खड़े थे।।
-- मानसअंक

❦❦❦

उंगलियों को न मालूम किरदार क्या है उधर।
इधर तो सब अहम, बेकार क्या है उधर।
इधर मैं ऑनलाइन , उधर तू ऑनलाइन,
मगर रिप्लाई का इंतजार क्या है उधर।।
-- मानसअंक

❦❦❦

किसी से या किसी से ही नहीं अब।
जरूरत हमनशी से ही नहीं अब।
रकाबत में हमे शामिल न करते,
वफा दिल की उसी से ही नहीं अब।।
-- मानसअंक

यूँ तुम लहरों में झूम रहे हो
हम हाथों में बांधे समंदर है।
तुम करते हो जीना जाहिर
हम तो मरते खुद के अंदर हैं।।
-- मानसअंक

❧❧❧

इतना चुप क्यों तुम कुछ हो गया क्या।
बड़ा परेशान हो कुछ खो गया क्या।
आँखें तुम्हारी बहुत भरी-भरी है,
अरे अंदर से दिल कुछ रो गया क्या।।
-- मानसअंक

❧❧❧

मंजरो की बुलंदियों से उतारे हम जाते हैं।
रुह मरी जब मेरी , पुकारे हम जाते हैं।
जो कहे या न कहे फिर भी ,
उसकी नजरअंदाजी में, मारे हम जाते हैं।।
-- मानसअंक

❧❧❧

मंजर हमारे सामने ऐसे खड़े कि
हकीकत में खोने के सिवा कुछ भी नहीं।
कहाँ तक खुद को समझाएं कि
मोहब्बत में रोने के सिवा कुछ भी नहीं।।

ख्वाब इतने बड़े हैं मंजिल के
और हम गलियों में भटक रहे हैं।
जिन हाथों को मशक्कत चाहिए
उनको किस्मत पे पटक रहे हैं।।
-- मानसअंक

ए रात जरा जल्दी आना तुझको भिगाना है।
गम दबे है दिल में, खुदको रुलाना है।।
-- मानसअंक

हालातों ने मक्कारी को बेकार कर दिया।
जिंदगी ने अदाकारी को जिम्मेदार कर दिया।।
-- मानसअंक

तुमसे मिलके मैं आ रहा हूँ
लग रहा है जैसे ख्वाब देखा।
खामोश नजरें जब यूँ झुकी थी,
खुद को मैंने बेताब देखा।।
-- मानसअंक

जिंदगी ने सिखाया बहुत
तजरबों की किताब हमें दिखा नहीं।
हकीकत तक का यकीन नहीं,
झूठ के ख्वाब हमें दिखा नहीं।।
-- मानसअंक

❧❧❧

हमें खुद का नगमा ही, खुद को नहीं भाया।
तुझसे मिलने की ख्वाहिश और तू नहीं आया।।
-- मानसअंक

❧❧❧

हमारी मोहब्बत की मय्यत,इस कदर दफनाई गई।
कल तक वो मेरी थी आज किसी गैर की अपनाई गई।।
-- मानसअंक

❧❧❧

तेरी यादों नजर में,तो बिजलियाँ गिर न जाती हैं।
इस खातिर वजह से ये, पनाहे घिर न जाती है।।
-- मानसअंक

❧❧❧

ख्याल आँखों में तेरे मचलते हैं
चाहे किसी भी फलक से देखूँ।
इस कदर तूने मुझे बसाया है नजरों में,
खुद को मैं तेरी झलक से देखूँ ।।

जो शहर का वजूद था तेरा
गाँव में ही उसे मिटा दिया।
जो गुजारी गई हमी से वो
याद जालिम खुदी लुटा दिया।।
-- मानसअंक

रोज-रोज का धोखा इश्क सच्चा नहीं लगता।
मुझे तेरा यह बर्ताव अच्छा नहीं लगता ।।
-- मानसअंक

झूठ,फरेब,दिखावा की खातिर
खुद को तैयार भी करते हो क्या।
सिर्फ बातों से ही है क्या,
सच में प्यार भी करते हो क्या।।
-- मानसअंक

जितनी शोहरते है मेरी सभी को खाक कर देना।
कल अगर मौत आ जाए तो मुझे माफ कर देना।।
-- मानसअंक

उसको पा लिया है,
किस्मत-किस्मत पर इतराता बहुत हूँ।
उससे बात करने का मन भी बहुत है
मगर फोन करने को भी घबराता बहुत हूँ।।
-- मानसअंक

सन्नाटा छाया क्यों मेरी इन रातों पर।
खामोशी भी रोती है मेरी बातों पर।
दिल तोड़ती है वो ,मुँह मोड़ती है वो
फिर रखती है अपने हाथ मेरे हाथों पर।।
-- मानसअंक

ख्याल आया होगा जब
नींदे परिंदा हो गई होंगी।
तस्वीरें देखी होगी तूने,
सारी यादें जिंदा हो गई होंगी।।
-- मानसअंक

हकीकत का पर्दा हटाके मुझको ख्वाब न दिखा।
कितने झूठ बोले तूने,सच का हिसाब न दिखा।
जितने राज छुपाए तुमने आज बताओगे क्या?
बहानों के साजिशो का हमको नकाब न दिखा।।
-- मानसअंक

❦❦❦

मैं तुमको अब तलक अपना हमदर्द समझता था।
एक वक्त पर तुम भी खुदगर्ज़ निकले।
-- मानसअंक

❦❦❦

सम्मोहन के प्रलोभन में,पीड़ा के आसार हैं।
जीवन के इतने दुख में, एक सुख का आभार है।।
-- मानसअंक

❦❦❦

कब से मुझको एक नजर घूर रही थी।
वो शायद खुद को मुझमें ढूँढ रही थी।।
-- मानसअंक

❦❦❦

अब हम तो तेरी यादों के मरीज़ हो गए।
ये मेरे ख्याल बड़े बदतमीज हो गए।
हम पहले बहुत कीमती थे तेरे
आज हम मामूली चीज हो गए।।
-- मानसअंक

❦❦❦

इश्क तेरा मोहब्बत मेरी किस्म कैसे हुआ?
जान इक है अगर तो अलग दो जिस्म कैसे हुआ।।
-- मानसअंक

❦❦❦

नजर क्या चुराते थोड़ा निगाह ही कर दो।
इधर देखकर तुम मुझको तबाह कर दो।
बहुत चर्चे हैं सुनें तेरी मासूमियत के,
अपनी अदा से मुझे मार के गुनाह ही कर दो।।
-- मानसअंक

❦❦❦

खुद का अक्स ढूँढता रहा
कहाँ आईना दिखाती है दुनिया।
धोखा सामने करके,
हमें झूठा बताती है दुनिया।।
-- मानसअंक

❦❦❦

मैं हकीकत हूँ, कोई झूठा किरदार नहीं।
नीलाम क्या करोगे, हम बिकता बाजार नहीं।।
-- मानसअंक

❦❦❦

कल तक शामिल थे हम
जिन खरीददार में।
आज हम भी बिके हैं
उसी बाजार में।।
-- मानसअंक

❦❦❦

सुर्ख़ सजदा हवाओं के वादे हम क्या करें।
मारने वाली तड़पती यादें हमें क्या करें।।
-- मानसअंक

❧❧❧

यादों की सजाओं का फंदा
मैं झूलता जा रहा हूँ।
हमनशी मिले नहीं,तुझे
मैं भूलता जा रहा हूँ।।
-- मानसअंक

❧❧❧

हाल मेरे बेजुबानों की खबर का तुम बताओ।
अब हमारा क्या सुने किस्सा,अरे कुछ तुम सुनाओ।।
-- मानसअंक

❧❧❧

देख आईना मुझसे आज अक्स ने पूछा।
फिर दिला गया तेरा जिक्र शख्स ने पूछा।।
-- मानसअंक

❧❧❧

ख्यालों की मौत, कहीं झूल तो नहीं गया।
याद आते नहीं तुम, कहीं भूल तो नहीं गया।।
-- मानसअंक

❧❧❧

बड़ी घिन मुझे आती है प्यार की बातों पर।
दुनिया ने खेल मचा रखा दिल के जज्बातों पर।।
-- मानसअंक

❧❧❧

ये नशीली आँख,आखिर खोल भी दो।
इस कदर क्या शर्म, मुझसे बोल भी दो।।
-- मानसअंक

❧❧❧

तलब सजाने हसरत
ख्यालों भरी अभी रात आने दो।
असीर कुछ भी नही मुझे,
मगर वो मुलाकात आने दो।।
-- मानसअंक

❧❧❧

वास्तविकताओ का लोभ न जाने
जग ये सारा भरम में है।
दिखावे का रहन-सहन
वर्तमान की चरम में है।।
-- मानसअंक

❧❧❧

बिना शब्दों के ही,मैं मौन होता जा रहा हूँ।
परिचितों से ही, मैं कौन होता जा रहा हूँ।।